ÁTOMOS Y MOLÉCULAS DE UN ALQUIMISTA

Veintinueve Poemas de
Amor y un Epílogo

Omar Rodríguez

ISBN-13: 9798742236627

Portada: Remedios Varo, Fenómeno de Ingravidez, 1963 con licencia de Artists Rights Society. © 2021 Remedios Varo, Artists Rights Society (ARS), New York / VEGAP, Madrid. Procedencia de la imagen, Banco de Imágenes VEGAP.

Número de control de la Biblioteca del Congreso. Library of Congress Control Number: 2021908542
Impreso en los Estados Unidos de América

CONTENIDO

PRÓLOGO

Los poemas de Omar Rodríguez nos transportan en un viaje a través de su pasado. Quien se haya enamorado alguna vez se identificará con ellos. Son intensamente personales, apasionados, sensuales y seductores. Con la curiosidad de un explorador, el ojo cuidadoso de un maestro joyero y la paciencia de un arqueólogo el autor examina la naturaleza del amor, el deseo, la pérdida y el anhelo.

Su trabajo está dotado de una claridad casi clínica. Escribe acerca de lo que la mente pide y lo que el corazón desea. Se enfoca en lo que como humanos necesitamos y queremos uno del otro, no sólo para sobrevivir, sino para desarrollarnos y florecer.

Como un detective buscando pistas, desentierra memorias y vive de nuevo sentimientos ya casi olvidados – de tristeza, arrepentimiento, de dolor...como el punzante rechazo o la humillación por la indiferencia de aquél a quien se ama. Sin embargo, encuentra también momentos de felicidad y deleite como el regalo de una sonrisa inesperada, el travieso tacto accidental, o el suspiro que habla tanto de las cosas no dichas.

Omar no habita en el mundo del ensueño emocional o del sentimentalismo cursi. Su poesía surge del descubrimiento de que el pasado está siempre presente y que hay que ser honesto consigo mismo para lograr, si no una reconciliación, al menos una tregua entre la persona que se era entonces y la que se es ahora.

Estos poemas son una invitación para seguir al autor en un viaje de descubrimiento. Para ello sólo necesitas una mente abierta, una indomable curiosidad y un corazón palpitante. Este viaje será revelador, excitante y seguramente te valdrá la pena.

John Montague

AGRADECIMIENTOS

Mucho agradezco a mis amigos que leyeron partes del borrador, que me dieron valiosos comentarios y que me alentaron a publicar esta edición: Dulce María Belmonte, África Calleja, Miriam Lanzagorta, Aida Levitán, Mauricio Monroy, Salvador Oliveros, Jorge Tenorio y Ana Luisa Verdejo.

OMAR RODRÍGUEZ

INTRODUCCIÓN

Éste no es un libro de poesía convencional.

Estos poemas narran los primeros pasos en mi jornada personal en búsqueda de significado y de una pareja. En esos momentos me sentí tan perdido como el mítico alquimista en búsqueda de lo imposible. Me encontré en el confuso y metafísico espacio de las emociones, confrontando las realidades de la vida cotidiana y bajo la influencia de la ciencia cósmica.

El epílogo fue escrito muchos años después.

Mi sentir se describe en ocasiones con términos científicos poco comunes en poesía como moléculas, átomos, microscopios, haz de luz, el Vernier o los contadores Geiger. Y en otras veces con artefactos cotidianos como el teléfono, la cómoda de un cuarto o las tabletas efervescentes compradas en la farmacia. Supongo que cuando los escribí estaba tratando de armar un puente lógico entre lo que era real y presente y lo que era etéreo y metafísico, para darle sentido a lo que quizás no lo tiene.

Aunque la mayoría de aquéllos que inspiraron estos poemas son ahora para mí sólo un recuerdo distante, los sentimientos y emociones que me provocaron están frescos todavía. Aprendí mucho acerca de mí mismo a través de estas interacciones. Sin duda alguna ellos contribuyeron a mi vida en muchos sentidos.

Éste es un registro de mis primeros pasos en esa jornada.

Espero que sea un eco de la tuya.

Y si te encuentras en medio de una jornada similar en este momento, disfrútala al máximo, pon atención y recuerda que el tiempo todo lo sana.

Este libro existe también en inglés. Puedes encontrarlo en Amazon.com como: *Atoms and Molecules of an Alchemist.*

ÁTOMOS Y
MOLÉCULAS
DE UN ALQUIMISTA

OMAR RODRÍGUEZ

1 TEOREMA METAFÍSICO

Rectificando la Certeza del Sabio Matemático

Postula el sabio matemático
y geómetra experto
con singular seguridad
y sin duda científica ninguna
un teorema por todos conocido
que a la letra dice
que es la recta la distancia más corta entre
dos puntos.

Pero este sabio de cabello blanco se equivoca
se equivoca, seguro estoy que se equivoca.

Pues sé con la firme seguridad adquirida
de la experimentación directa
que la distancia más corta entre dos puntos
no es la recta, no
sino un beso apasionado

salido de tus labios.

Beso que amarra y que encierra
liga, aturde, confunde y saborea
arrastra, fatiga y arranca un suspiro acompasado
azonza, aligera, y sobre todo
hace palpitar el pulso acelerado
teniendo la rara cualidad
casi alquimista
de hacer volar en el aire a aquél que lo recibe.

Sí, no hay duda
el sabio se ha equivocado esta vez
aunque tiene la disculpa, estadísticamente
comprobable
que él no ha probado tus labios
y por eso afirma con tal seguridad
su matemático e impreciso teorema.

Yo me enteré por accidente un día.

Me lo dijeron
los tejidos diminutos y rosados de los ner-

vios de mis labios
y mi piel toda que se convirtió en extensión
tuya
sin límites, ni espacios, ni respiros
y donde alquímicamente y por un momento
nos convertimos en uno solo
fusionados y expectantes.

Y desde ese día
quedé prendado a ti.

Molecularmente unido
amarrado fuertemente por los lazos invisibles
pero metafísicamente inescrutables
de tus labios y tu boca
que me acercaron a ti a una distancia
infinitamente más corta
que aquélla de la recta postulada con imprecisión
por el viejo sabio matemático y geómetra experto.

Pero no se preocupe usted

señor sabio matemático
yo no he de revelar a nadie
que usted se ha equivocado.

Nunca yo desafiaré su ciencia
y guardaré callado su secreto
con la esperanza caleidoscópica y certera
de encontrarme otra vez con esos labios
mientras registro científicamente el descubrimiento mío
entre las líneas torpes y apasionadas
de mi cuaderno de notas.

2 PIEZA DE AJEDREZ

El Misterioso Tablero
Metafísico

Soy pieza de ajedrez
jugando, sin yo saberlo, roles distintos y
cambiantes.

Alfil, torre, caballo y reina
y a veces modesto peón
cuyo movimiento
sirve para proteger
sin saberlo él
piezas de mayor envergadura.

Y para salvar
a veces con su propia vida
prismáticas y caleidoscópicas jugadas
diseñadas por una lógica superior
e incomprensible.

OMAR RODRÍGUEZ

3 REFUGIO DE MÍ, TU CUERPO

La Oración del Alquimista

Refugio de mí
tu cuerpo.
Refugio de ti
mis brazos.

Temblor de mi voz
tu aliento.

Temblor de tu espalda
mi tacto.

Calor de mi piel
tu torso.

Extensión de tu mano
mi cuerpo todo.

Reposo de mí
tu hombro
en que duermen, tranquilos
los átomos metafísicos de mi alma.

Átomos que abro hoy a ti
al sentir el abrigo de tus ojos
y el calor de tu palabra
y el aroma de tu cuerpo
y el sabor de tus labios
y el terciopelo
del timbre sonoro y honesto
de tu voz.

4 LA NIÑA INDISCRETA DE MIS OJOS

Enfrentando
el Desnudo Metafísico

¿Quieres conocerme en un instante?

Observa con cuidado
escruta mi mirada
y déjate guiar por la niña
indiscreta
de mis ojos.

Podría estar desnudo, sin ropa alguna ante ti
sin pudor alguno.

Pero me sonrojaría en el acto
ante una mirada cuidadosa
dirigida al fondo del iris palpitante de mis
ojos

y más allá de la pestaña inquieta.

Ellos te dirán en un instante
lo que de mí no sabes todavía
...y aún aquello que de mí
no sé
ni yo mismo.

5 CERTIDUMBRE DE TI

Preparando el Futuro
Encuentro

Algún día habré de llegar a ti
porque sé que existes
aunque de ti
no conozco aún
ni tu nombre ni tu rostro
ni he sentido el calor de tu piel.

Pero sé que estarás
en cualquier vuelta del camino
esperándome
tan solo como yo
y pensando en mí sin tampoco conocer aún
ni mi nombre ni mi rostro
ni haber sentido el calor de mi piel.

Sé que cada paso

cada intento fallido
cada desilusión
cada desencanto
cada ridículo
y cada experiencia nueva
me acercan más a ti.

Y me enseñan a estar listo
con las antenas abiertas
y los canales receptores
para ese día mágico
desconocido e incierto
en que llegarás a mí
para compartir juntos nuestra vida.

6 NECESIDAD DE TI

El Despertar del Alquimista

Esta mañana de domingo
al despertar
solo
en mi habitación
tuve el travieso impulso de sentirte a mi lado.

Y al abrir los ojos
y ver tu ausencia
y el vacío entre mis brazos
y mi carencia de ti, abracé mi almohada
cerré los ojos y te evoqué.

Y por un instante
de imaginaria plenitud
vencí la frustración de tu ausencia
e imaginé
- el calor tibio de tu cuerpo y de tu talle
- el delicioso amargor de tus labios y tu boca
- el travieso e impredecible tacto de tus
manos

que, aunque casi desconocido, me resulta sin
embargo tan familiar.

Y por ese breve instante me llené de ti.

Cuando abrí los ojos
y me vi de nuevo en mi habitación, solo y con
las palmas vacías
tuve por vez primera conciencia
de esta nueva
naciente
traviesa e inquietante
necesidad de ti.

Y después de un largo y placentero suspiro
-- y a falta de ti –
cerré de nuevo mis ojos
para seguir soñando.

7 ESTA NOCHE

A la Búsqueda de Ti

Me vestiré de soledad esta noche
con las prendas del terror disimulado:

- camisa de colores
- jeans casuales y ajustados
- zapatos a la moda
- rostro con sonrisa doble-ancho del número dos
- y el alma
en pedazos
unidos frágilmente por cinta adhesiva
comprada en la papelería de la esquina.

Frágiles pedazos prismáticos
a punto de acabar molecularmente fraccionados
al final de esta jornada nocturna otra vez
y quizás esta vez, para siempre.

Curiosos cristales danzarines
que cada vez se rompen más
y con los que quizás un día
formaré con tu imagen
el emplomado de una iglesia.

Aunque hoy
no conozca de ti
ni tu nombre
ni tu rostro
ni tu talle.

8 EXTRAÑO FENÓMENO

Relajando el Tablero de Control

Tu aliento, en mis labios.
Tu voz, en mi oído.
Tu pulso, en mi pecho.
Tu aroma, en mi olfato.
Y el roce de tu tacto firme, en la dermis caliente de mi piel.

Ósmosis metafísica
de fluidos eléctricos
invisibles, sensitivos
y alumbrados con chispas fulminantes
que aceleran el ritmo del músculo cardiaco
y mueven reacciones en cadena
de difícil control y de alto riesgo.

Tú y yo hundidos, sumidos en un área diminuta

en el haz de luz de un microscopio
sin conciencia de espacio ni de tiempo.

Tú y yo, en una dimensión distinta.

Paredes y alcances siderales
de consecuencias inquietantes
que me niego esta vez
voluntariamente
a pasar por el filtro analítico de mi mente
y por el cedazo muy cerrado
de mi tablero de control.

9 TE PRESTO
MI LIBERTAD

Proponiendo Parámetros
y Reglas del Juego

Te presto mi libertad
para que la abrigues.

Comparto contigo mi soledad
para que la llenes.

Te acerco mi alma
para que la colmes.

Te ofrezco mi piel
para que la toques.

El tiempo será, tan largo como mi vida
o tan breve como un instante
y será aquél que nuestras voluntades
quieran compartir

sin perder su propia individualidad.

Mas nunca me pidas, amor
que te los regale.

Tiempo, alma, soledad, libertad y cuerpo
sólo tengo uno.

Si te los doy ahora
¿Qué me quedaría en las manos
para darte después?

Yo no soy, ni seré de nadie, amor
sino de mí mismo
te abro el corazón
a cambio que me abras el tuyo.

Andemos por el camino juntos
tanto tiempo como nuestras soledades quieran
o puedan
sin perder su yo
que es lo que más me atrae de ti

tu yo.

Y quiera Dios
que de nuestra soledad compartida
podamos juntos parir una compañía
un buen recuerdo
un suspiro acompasado
y quizás con el tiempo, un amor
que nos haga a ambos más fuertes.

Y que quizás perdure en el tiempo
más allá de nosotros mismos.

OMAR RODRÍGUEZ

10 EL PRESO
SIN CÁRCEL

En Búsqueda del Hogar
de Paredes Invisibles

Busco un hogar
para formar contigo
un espacio de paredes transparentes.

Hilos de vidrio
piso de plata
y puertas invisibles.

Donde podamos los dos
deambular sin restricciones
para que, libres, deseemos quedarnos
y presos
besemos libremente
la cadena que nos une.

OMAR RODRÍGUEZ

11 EL AMULETO

Encuentro en
Espacios Fluviales

Hoy
en la mitad del río
me he encontrado un amuleto
pulido y coralino
para llevar conmigo
mezclado en el torrente de aguas heladas
y piedras filosas, aguas turbulentas
y prismáticos guijarros que en el pasado
han lastimado mis plantas y herido el tacto.

Necio yo, volví a introducir mi mano
en el lecho del río, capturando sorprendido
este amuleto para hacerlo mío.

Amuleto uno, de contacto un tanto áspero y
ligero
que tocó mi mano al vagar al azar entre las
aguas

y que supo, incisivo
tocar las más íntimas fibras
de las terminaciones nerviosas
de mi esencia metafísica
con su inexplicable calidez de roca
y su apariencia viril y transparente.

Poco a poco
paso a paso
minuto a minuto
fue derritiendo las capas de escarcha conge-
lada
que cubrían las cicatrices de mis dedos
que hoy han vuelto a sentir de nuevo.

Colocaré cuidadoso este prismático amuleto
muy cerca de mi corazón y de mi alma
le cuidaré y puliré a diario y le contaré mis
penas y fracasos
y los vaivenes de mi vida.

Y quiera Dios que un día se funda él con la

dermis de mi pecho
y que me acompañe siempre en el andar de
esta jornada.

Y ese amuleto, ¿lo adivinas?
eres tú.

OMAR RODRÍGUEZ

12 DESCUBRIMIENTO METAFÍSICO

Simplificando la Forma

No me gustan los escritos largos
porque dicen poco
en demasiadas letras.

No me gustan los escritos largos
porque suenan simples sin serlo
y tardan mucho para llegar al punto.

Lo que hoy he descubierto, amigo mío
lo diré, pues, de forma sintética y sin ripios:
te amo
sólo eso
te amo.

Sin preámbulo
ni prólogo, ni nada
y sin elaboradas formas de decirlo.

Simplemente... te amo.

Irremisiblemente, te amo.
Sin saber ni cómo, te amo.

Sin que me apoye ni la razón ni el tiempo, te
amo.
Sólo eso, amigo mío, te amo.

Y aunque trato de huir
porque preveo que terminaré perdiendo
sin saber ni cómo
regreso al punto de partida: te amo
sólo eso, amigo mío
te amo.

13 YO Y TÚ

Confirmando las Distancias
Metafísicas con el Vernier

Tú y yo.
Yo y Tú.

Monosílabos perfectos
solitarias palabras de un sonido
que habiendo nacido solas
aprenden rápido a convivir conjuntas
y que al desligarse luego
pinchan el ojo y lastiman el alma.

Tú y yo.
Yo y tú.

Dualidad cósmica, fantástica, quimérica
viviendo en dos niveles de realidad distinta:
yo la pasión y tú el abrazo
tú el mes y yo el día.

Confusión extraña de verbos parecidos

de intensidad lexicológicamente casi para-
lela
pero dolorosamente distinta.

Tú me observas, yo te miro.
Tú me oyes, yo te escucho.
Tú me estimas, yo te amo.
Tú, en fin, en la amistad y yo, desorientado,
en el cariño.

Tú y yo.
Yo y tú.

Reciprocidad desbalanceada
donde se evoca al otro a espasmos desiguales.
Tú a mí, quizás cada mes de calendario
yo a ti, regularmente a cada instante.

Yo en el ecuador y tú en el polo.
Yo en el fuego elemental
tú en la automática linterna de pilas tibias y
mecánicas.

Tú y yo.

Yo y tú.

Desconocidos.

Tan cerca y a la vez tan lejos
que los hilos de la aguja que nos teje
parecen colocarnos en ovillos distintos
y en prendas ajenas
en cuerpos de intensidad difusa y destem-
plada
y en colores de brillantez opuesta.

Tú y yo.
Yo y tú.

Dualidad fantasiosa
que pudo ser eléctrica
intensa
elemental
rústica y salvaje
y que hoy
se convierte
día a día

en tibia fantasía
de quimérica, dura e indiferente irrealidad.

14 AFERRADO A TI

*Declarando la
Imposibilidad de
Dejar Ir*

Aferrado a ti.

Al recuerdo cristalino de tu voz segura
de tu risa franca
de tu pie ligero
y de tu talle.

Aferrado a ti.
A la memoria de los ratos idos
en que labré, impaciente, una fantasía
de intercambios mutuos que nunca llegarán
a mí.

Aferrado a ti.
Entrelazado
molecularmente unido neciamente a tu ima-

gen
pero como el agua y el aceite
que estando juntos nunca se mezclan.

Aferrado a ti.
En la espera impaciente
de un teléfono que no suena
y de un reloj que nunca dará la hora del encuentro
con una manecilla rota y una carátula ras-
pada.

Aferrado a ti.
Desesperado.

Y sabiendo, amor, que tu pensamiento
volará cada día, cada hora, cada instante más
lejano del mío
asintóticamente como las líneas paralelas
que sabiendo que están, no se acompañan
nunca
y sólo se contemplan de lejos.

Aferrado a ti.

E inerte, agotado, casi vencido
con la espada quebrada
la guarda bajada
y la mirada perdida.

Aferrado a ti.
Sin salida posible, ni maleta, ni destino
con la angustiosa desesperanza del tren que
no alcanzas
en una fría estación llena de gente y de ruido
pero vacía de almas.

Aferrado a ti.
con la certeza íntima
que mi recuerdo te ha de guardar
aunque la memoria quiera alejarte y escon-
der tu imagen
en las neuronas más diminutas y lejanas.

Aunque éste no quiera ceder
y aquélla, cansada, resuelva olvidarte
sé que quedará
una huella prismática de ti en el alma
que me recuerde los días que estuve

feliz y luego desesperado
íntima
secreta
y consistentemente
aferrado
aferrado a ti.

15 AMIGO PIERDE-LLAVES

La Apertura del Recinto

Imágenes.

Imágenes iridiscentes, pero al mismo tiempo nebulosas
tibias
pero punzantes como gotas de lluvia a cien kilómetros por hora.

Imágenes de un amigo pierde-llaves
que descuidada e ingenuamente – sin saber ni cómo –
abrió el cerrojo enmohecido de mi tibio recinto.

Y que luego, negligente, escapó
dejando la puerta abierta
como escapa el húmedo vaho de neblina
a través de la trama

traviesa
de nuestra ropa.

Escapó
llevándose la mágica llave con que entró de
repente
perdiéndola quizás, mi amigo pierde-llaves
mientras alumbraba a su paso mi tibio –pero
oscuro—recinto
con su luminosidad etérea
y su torso ágil
y su voz segura.

Dejó a su paso una estela.

Y fue mi asombro tan grande
y mi confusión tan necia
que no pude cerrar tras de él mi puerta.

Y permanecí allí
boquiabierto
sorprendido
confuso
asombrado

...pero cálido
recibiendo el calor, tibio ya, de su estela
que se sentía cada vez menos
mientras que yo le necesitaba cada vez más.

Cuando quise echar el cerrojo de nuevo
no pude.

La fuerte puerta de encino
-- que me había protegido en mi estado latente –
se había hinchado
atorado
y sus vetas derramaban una miel dorada
que sabía amarga como la leche cortada.

Y quedé ahí postrado
amigo pierde-llaves
con el alma expectante
emocionada
trastocada
en mi recinto abierto.

Y me pregunto:

¿Qué haría yo si usted mañana
me devolviera la paz de mi cerrojo frío?

¿O si la luz de la ventana me indicara de repente dónde perdió usted
la llave del recinto?

¿O si un carpintero piadoso
ofreciera limar los goznes de mi puerta
para poder cerrarla, y regresarme inerme a
mi latente
--pero cómodo— estado?

Sin duda alguna, amigo pierde-llaves
que disimularía el ojo mío
y el oído mío
con la esperanza furtiva
de que usted, ingenuo y travieso
pasara otra vez
y llenara de nuevo mis sentidos
con esa estela fresca y aromada
que se llevó usted ingenuamente
al partir.

16 EL TEJEDOR DE RECUERDOS

Llenando la Ausencia
con los Tiempos Idos

Voy a llenar el tiempo de tu ausencia
con los recuerdos
que juntos hilamos en las sombras.

Recuerdos de una paz silenciosa
urdida pacientemente
en aquellos instantes de quietud
en que yo observaba extasiado
las brillantes partículas doradas
que iluminaban caleidoscópicas
la niña de tus ojos
enmarcando los pliegues danzarines
de tu sonrisa traviesa y maliciosa.

Recuerdos del gotear hirviente de una vela
iluminando el perfil
de tu silueta desnuda.

Y de una frase furtiva
silenciada por un beso húmedo y caliente
que nos encerró por unas horas
en ese mundo nuestro
diminuto y volátil
pero de prismáticas alas de alcances gigan-
tescos.

Voy a llenar ésta, mi ausencia de ti
con los recuerdos
que pacientemente almacené
en los silos interminables de mis sentidos.

Mejor pertrechado libraré esta vez
mi crónica y rutinaria batalla
contra esta soledad
que me acompaña siempre
y de la que en ti
creí escapar por un instante.

Y me alimentaré entretanto
de los recuerdos

que me dejaste
cuando te marchaste tú.

Hasta el día, quizás inexistente
en que regreses
definitivamente a mí.

OMAR RODRÍGUEZ

17 EL ENCARCELAMIENTO DEL ALQUIMISTA

Descripción Fisiológica del
Fenómeno Metafísico

O currió de repente.

Debió pasar en un instante de descuido:
- durante el breve transcurso de un respiro
- en el nanosegundo de un ágil parpadeo
- entre latido y latido
- o quizás en la noche al dormitar.

El alma
por tanto tiempo reservada
cuidada
cerrada
obstruida
sin lazos a nada, tan libre de cargas –y tan,
tan vacía de emociones—

de repente, sin saber ni cómo
quedó presa, encerrada, guardada
dentro de los hilos plateados de tu forma fantástica.

Fue... inexplicable.

Al principio un susurro.
Después una voz
y luego un grito que desgarrando la piel del
pecho
clamaba por salir por la garganta
mientras diez mil mariposas oprimían, traviesas, la cavidad torácica.

Un ahogo
calor continuo en las mejillas
y el corazón con una inmensa, desesperada
necesidad de brotar del pecho
como el maíz o el trigo
o como los árboles cuyas raíces rompen el pavimento
buscando resueltas mostrarse a la luz del sol.

Fue una emoción tan nueva
tan distinta y opresora
pero al mismo tiempo tan tibia
que calentó mi cuerpo inundándolo con una
reconfortante sensación de plenitud.

Fue como un rayo potente
que iluminó de repente mi vida.

Pero que trajo también consigo
-- la tormenta húmeda
-- el escozor de la lluvia acelerada
-- y la fría sensación de la ropa mojada sobre
mi piel caliente.

La lluvia
en el cristal de mi ventana
se anidó en el vidrio
con sus gotas de rocío que transparentes
parecían pequeños diamantes de colores.

El vaho tibio de mi respiración cortada
ansiosa y expectante

quedó en el cristal
primero tibio, luego helado
y fue formando una costra pegajosa
que empañaba y no dejaba ver la luz radiante
que se iba.

Que se alejaba pausadamente
sin que el ojo desesperado pudiera detenerle
dejando atrás un alma presa, contrita, expectante, esperanzada
y nuevamente vacía.

Con el vacío que dejan las palmas secas
que en otra hora sujetaron lluvia
cuyos caudales se escaparon, incontenible-
mente
entre los átomos de los dedos angustiados.

Ocurrió de repente.

Y el extraño evento metafísico se fue, también, de repente

dejando una huella dorada que aún quema.

Y a un alma en su prisión de seda
perversamente sujeta, entre las moléculas
traviesamente entretejidas
por los hilos platinados del recuerdo.

OMAR RODRÍGUEZ

18 EL ULTIMÁTUM

Encuentro de Dos Barcos
de Diferente Calado

Sé que al final de esta jornada
me quedaré sin ti.

Pues presiento que no amarás tan fuerte
para luchar
contra el aire agitado de tu propia marea.

Porque siento que al pasar mi barco
dejarás que bogue solo a la deriva
y continuarás navegando con el mismo
rumbo
con que iniciaste el viaje
sin mover tus velas
ni seguir la ruta incierta de mi nave.

Porque temo que no tendrás por mí el arrojo
de seguir mis pasos

que te habrían de llevar a otras aguas
-- no sé si mejores ni seguras
pero sí más distantes
intensas, diferentes y lejanas.

Siento, a mi pesar
que habré de seguir mi ruta solo
como inicié, solo, la jornada de mi mástil
volando al viento sin timón seguro
guiando solo, con el corazón abierto.

La vela, blanca
y de frente siempre.

Buscando quizás una tormenta
que me conduzca a puerto franco
donde anclar mi proa
y compartir mi vida y mi destino
y mi tiempo
y el ritmo lento y pesado de mi voz.

Si no has de cambiar de viento y de marea
no he de virar el rumbo de mi barco

para hacer un alto
ni siquiera para verte a ti
porque intuyo que el atractivo de tu torso y
de tu talle
me vararían en la playa
para arrojarme después a la deriva.

Bogaremos juntos si lo quieres.

Pero con la cara al sol
el bronce en nuestros pechos
y nuestra piel quemada
resistiendo juntos el embate de los vientos
y arriesgando juntos la vida
en cada trueno y en cada ola.

No me pidas
que acepte agachar el mástil de mis velas
al paso de otros barcos
pues si así lo hiciera
sé que perdería la fuerza
para levantarlas luego
y acabaríamos juntos, sí, pero viendo al suelo
y más distantes que nunca.

Toma mi vela al pasar y sostenla fuerte contra el pecho...
o déjala libre que siga flotando errática en el
viento.

Y si decides soltarla
-- como anticipo con dolor que harás —
recuerda siempre lo blanco que para ti fuera
un día
el velamen de esta nave minúscula
 y salvaje
que cruzó arriesgada un día por tu camino.

19 EL LEGRADO

A la Caza y Expoliación de
Ese Amoroso Sentimiento

Duele
como una incisión profunda
que se encaja en lo hondo del alma.

Arde
punzando cada fibra nerviosa
cada coyuntura
y crucificando en vida.

Escoria
inmisericorde
cansadas las pestañas
y la nariz irritada.

Ahoga
como una pastilla efervescente

que busca desesperada la salida.

¡Habré de buscarlo!
Hurgando, rascando, explorando hasta encontrarle.

Usaré linternas
picas
palas
contadores Geiger
hasta que no pudiendo ocultar su halo brillante y vivaz
lo pesque en una esquina de la mina secreta
donde se esconde precavido y asustado.

¡Tendré que extraerlo!
Con anestesia y bisturí certero
del recinto donde anida
con sales y con alcohol etílico comprado en la farmacia.

¡Tenderé una red de tejido diminuto!
Por si siendo etéreo quisiera desvanecerse.

Si fuera necesario, pagaré recompensa.

Y una vez en la red
buscaré un espacio cósmico para ubicarlo.

Que refulja en un candil, en una vela
en un foquito de nochebuena
o en las alas doradas del Ángel de la Indepen-
dencia.

Ahí, donde alguien asombrado de su brillo
lo haga suyo.

Donde ilumine sin quemar
donde alumbre sin herir
donde crezca y se expanda sin reventar mi
pecho o mi cerebro.

Donde no hinche más párpados
secos los ojos y vacía del corazón la caja torácica.

¡Lo echaré con dolor!
Aunque me parta el alma
del recinto tibio donde anidó de repente.

¡Lo habré de expeler en un suspiro
en una lágrima
quizás en desesperado grito!

Y cuando suba etéreo al cielo con su paso
vivo y su andar de nuevo vagabundo
le diré adiós con un beso apasionado.

Mientras fosforece en el cosmos con las este-
las de colores
con que iluminó una vez
mis fibras más íntimas
 y secretas.

20 TIENDO MI PAÑUELO AL SOL

Despedida por Evaporación y Condensación

Tiendo mi pañuelo al sol

para evaporar las lágrimas
que saturan
empapadas
la trama de su tela.

Que se sublimen esas gotas cristalinas
de formas caprichosas y metafísicamente
cambiantes
con las que extraigo este sentimiento por ti.

Que asciendan a la estratósfera
pues no han de acabar pisoteadas
en el basurero de la esquina
o en la atarjea sucia de la calle.

Y que al liberarse y ascender como vapor al
cosmos
vuelvan algún día condensadas en una nube
convertidas en lluvia.

!Que se deslicen, traviesas, entre el tejido molecular de tus ropas!

Tocando cada centímetro de tu piel, de tu
cara y de tu pecho
llevando en ellas mi beso último
sin que sospeches nunca su verdadero origen.

21 EL NAUFRAGIO

Perdido en Aguas Turbulentas

Herrumbre de fierro, mi corazón helado.

Torbellino de ideas, mi mente confusa.
Estopa deshilachada, los músculos sin vida
de mi cuerpo.

Vasijas vacías, los lagrimales de mis ojos
y las palmas de mis manos.
Desierto quebradizo, mis labios.
Aceite repelente, mi tacto que rechaza a otros
cuerpos distintos del tuyo.

Y soledad infinita, el empeine de mi pie desnudo
cuando perdido en el vacío de mi cama
no puede encontrar el tuyo.

Así quedé después de que partiste.
Después de la tormenta.

Empapado
anclado en ti
mientras tú te ibas miedoso de hundirte conmigo
en estas aguas turbulentas.

Naufragando solo
esperando en vano tu apoyo y tu rescate
queriendo desesperado alcanzar la orilla
cada vez más distante
mientras te veía a lo lejos
huir de mí.

Yo, asido a un madero
y tú, nadando solo hacia la playa.

22 CENIZAS

*La Extraña Naturaleza
del Residuo Metafísico*

Por favor, amigo mío
no remuevas los recuerdos.

Deja que la ceniza acumulada
repose como la dejaste un día
pues, aunque de lejos te parezca fría
al acercarte calienta todavía
y a veces, quema.

Así que si guardas por mí
un poco de gratitud
o algún buen suspiro
por favor no remuevas las cenizas.

Si no puedes cambiar, amigo mío
no perturbes la paz
que fabriqué en silencio

mordiéndome los labios
y aprende, como yo, a olvidar.

23 ROMPECABEZAS METAFÍSICO

Tratando de Reconstruir los Átomos Perdidos

Vine a recoger los pedazos de mí
que dejé en estas paredes.

En estos muros de concreto helado
que una vez se calentaron
con el tibio contenido
que salía de tus pulmones y los míos.

Y que a la luz intermitente de una vela
se volvieron por unas horas
en los confines diminutos
de un mundo tibio y muy pequeño
donde sólo existíamos
tú y yo
aislados, suficientes
fuertes, amantes y entregados.

Vine a recoger estos pedazos
que me hacen falta.

No he podido palpitar sin ellos
y ando por las calles
vacío, incompleto, atarantado
con la mirada fija y la vista al suelo.

Trataré de unir las piezas que me faltan.
Buscaré a un carpintero que me las una
o a un soldador que me las suelde.

¡Pero es tan difícil!
¡Son tantas y tan dispersas!

Están regadas por todas partes.

Las fui dejando a mi paso sin darme cuenta
y ahora veo que están atomizadas
en cada molécula de este cuarto
y en cada espasmo de mi respirar entrecor-
tado.

Me encuentro partículas en las almohadas
y en el baño
en la chimenea y en las cortinas
en los platos y en la cómoda
en los picaportes de las puertas
y en las sábanas
y en el aparato telefónico.

Y donde quiera que toco
te encuentro impregnado en estas cosas
que aún sienten tu tacto
y destilan tu masculino aroma
y el sabor casi imperceptible de tu aliento
y la vibración volátil de tu voz traviesa.

Cierro los ojos
y puedo sentir tu presencia
y nuestras voces que vibran aún en el espacio
de esta habitación
y se perciben volando en el ambiente.

Vine aquí a recoger las partes que dejé olvida-
das

y sorprendido veo
que son más de las que creí encontrar en un
principio.

Que están muy atomizadas
y que se han anidado ya
en la estructura molecular de estas cosas
que forman esta habitación sencilla.

Se han impregnado, entretejido
y se niegan a salir de aquí
para regresar a su lugar de origen.

¿Qué hacer si necias se resisten a volver conmigo?

¿Qué hacer si estas diminutas partes de mí
han probado ya la textura etérea de tu compañía?

¿Qué hacer si han cambiado ya
su estructura molecular
y no encajan ya en mi rompecabezas?

Salgo cabizbajo e incompleto como entré
sabiendo ahora que me he de ir sin ellas.

Algo de mí y de ti
se ha de quedar eternamente en este cuarto
sin que podamos recogerlo nunca.

Algo de nosotros se queda tras la puerta
mientras yo sigo solitario e incompleto mi
camino.

OMAR RODRÍGUEZ

24 PUNTO Y APARTE

Rubricando para
Cauterizar la Herida

Punto y aparte

pues esta noche
a la luz de mi lámpara roja
he decidido olvidarte
y poner a este recuerdo tuyo
del que neciamente se ha aferrado el alma
punto y aparte.

A olvidar el tacto travieso de tu piel caliente
la humedad de tus labios
la seguridad de tus manos sabias
y los lugares donde juntos descubrimos
la salvaje compatibilidad de nuestros cuerpos.
A todo ello, punto y aparte.

A olvidar las miradas que cruzamos
en profunda intimidad
donde en un beso apasionado se decía todo
sin palabras
y donde un gemido acompasado
guiaba el tacto con destino certero.

Donde el tiempo era humo
y el espacio aquél cortísimo que mediaba
entre tu aliento y el mío
y donde mi mirada se perdía en la infinita va-
guedad
de un suspiro y un "te quiero".
A todo ello, punto y aparte.

A olvidar tu cabeza descansando sobre mi
pecho
y el firme entrelazar de nuestras manos
y el travieso contacto
y el tibio aliento con que exploramos nuestros cuerpos
y todo aquello que formamos juntos

en eternos instantes
y en horas brevísimas
en medio de juegos infinitos y quiméricos
de belleza salvaje.
A todo ello, punto y aparte.

Punto y aparte
pues sólo falta rubricar donde se ha dicho
todo.

Punto y aparte
pues en este pautado
no caben más notas, ni más llaves, ni nada
y sólo quedan espacios
para llenar con larguísimos silencios
que no admiten ya
ni bemoles ni trémulos sostenidos.

Punto y aparte
para recargar baterías
para afilar el grafito
para rubricar un breve episodio de mi vida
que ha sido más breve en tu diario que en el
mío.

Por todo ello:
Punto y aparte
aunque solloce el alma.

Punto y aparte
aunque resista cada partícula del cuerpo.

Punto y aparte
aunque el olfato extrañe.

Punto y aparte
quedando solamente entre mis poros
la impresión indeleble de tu sonrisa jugue-
tona, traviesa y maliciosa
que ilumine el párrafo final
de este decidido, firme y doloroso
punto y aparte.

25 LIBERANDO AL PRESO

Repensando la Sentencia Metafísica

Tendremos que repensar las cosas
a la luz de la evidencia nueva
y con pena liberar al preso
que ansiaba la cárcel y la sentencia prisionera.

No podemos detenerle aquí
si ha de luchar en contra de tu instinto y del recuerdo
frenando el paso a cada instante
enfrentando a diario
a fantasmas transparentes
que no puede tocar, ni liquidar, ni nada.

Si no puede él ser quien penda

de tu cadena al cuello
pues el espacio está ocupado
lo debemos liberar, aunque el terco se resista.

Le tendremos que absolver
de esa pena que ruega le otorguemos
aunque sea ésta
la sentencia más cruel y despiadada.

Le habremos de quitar
el uniforme a rayas
aunque al hacerlo
lo lancemos desnudo hacia el abismo.

26 MÁS ALLÁ DE TI

Saliendo de la Prisión,
Enfrentando la Bruma
del Futuro

Al pasar por este dintel
y cruzar definitivamente el umbral de
esta puerta
saturada de lágrimas y desasosiego
contemplo apacible y esperanzado la salida
del recinto
al que entré, sin darme cuenta
con sorpresa y con un ansia expectante.

Y al observar por última vez
esa cárcel de paredes frías
salgo de ella
con la seguridad de que no será en ti
donde he de hallar la respuesta a mis preguntas
ni el cáliz de mis versos

ni el recinto de mi amor.

Y al enfrentarme a la bruma del futuro
me pregunto:
¿Qué habrá para mí más allá de ti?

Más allá de la vorágine confusa de emociones
que un día causaste en las fibras dormidas de
mi cuerpo.

Más allá del sacrificio sin respuesta
y de la espera sin alivio.

Más allá de tu sonrisa maliciosa
que, aunque seductora, nunca tuvo la estructura molecular para empalmar conmigo.

Más allá del mundo que te rodea
y que sé que amas
que es hostil a mí
y que me ha hecho comprender

que tu prioridad no me pertenecerá nunca.

Más allá de tus palabras
que nunca habrán de sintonizarse con las mías
pues su composición atómica
no tiene el mismo número de partículas
--ni menos ni más --
solo un número diferente
que yo no podré cambiar nunca.

¿Qué habrá pues para mí más allá de ti?

¿Más allá de tus hábitos
de tus labios deliciosos
del palpitar acelerado de tus venas
de tu cuerpo y de tu talle
de la tibieza de tus manos
y de tu tacto extraordinario?

La luz de la razón.

La esperanza de un alguien que sí vibre a mi
compás mismo.

La excitante aventura
de hallar un día
otra pieza de este rompecabezas metafísico
que arme mejor con mis aspas y contornos
y que pueda recibir aquello de mí
que tú no podrás apreciar nunca
porque estás hecho de una masa distinta que
la mía.

¿Qué habrá pues para mí más allá de ti?

Libertad.
Redención.
Y quizás, con suerte, la verdadera mitad
que nunca
encontré en ti.

27 LA TIENDA CERRADA

Sin Fondos Suficientes
en el Mostrador

Miré mi mano
y conté mis monedas.

El dependiente de la tienda, indiferente
me negó la entrada
por insuficiencia de fondos en la divisa requerida.

Tan cerca, y a la vez tan lejos.
Con la horrible frustración
de quien ve el amor, sustento apetecido
que no puede adquirir.

Separado de éste
a unos cuantos centímetros
por un cristal transparente
metafísicamente blindado.

En el mostrador, la diamantina caja de seguridad
inaccesible y a prueba de robos.

Pasé una última mirada ansioso
al vasto aparador
hasta que bajaron la cortina de metal
tomaron los empleados sus chaquetas
y se fueron a sus casas.

El vaho de la calle
invadió la acera
mientras el frio la hacía
solitaria y terriblemente vacía.

28 ¡QUÉ IMPORTA!

Perdido en los Monosílabos

Qué importa mi amor
lo que ayer fui de ti
si hoy
no lo soy
¡Qué importa!

Qué importa
lo que pudo haber sido
y no fue
si hoy no lo es
¡Qué importa!

Qué importa
si en tus ratos de ocio
pensabas en mí muy cerca de ti
si hoy yo de ti nada sé
¡Qué importa!

Si en mis ratos de hoy

en que solo me encuentro
te busco y no estás
que importa si ayer
me querías tú ver
¡Qué importa!

Si nuestros cuerpos de ayer
se juntaron
muy cerca de sí
pero hoy solo estoy
que importa, mi amor, ¡Qué importa!

Si el abrazo de ayer
no existe ya más
y si el beso fugaz se ha perdido
¿De qué me sirve ya hoy
que la memoria de ayer
me recuerde el lugar donde estoy?

El pasado se fue
y como de él nada haré
¡Qué importa!

29 CATORCE REFLEXIONES METAFÍSICAS

*Sintetizando los
Pensamientos*

I

A falta de mapas, reglas justas, compases y hojas cartográficas debo usar la guía de mi propio instinto.

Él no se equivocará nunca
me fue dado por Dios
para orientarme en la tormenta
y no he de lamentar nunca
el rumbo que me marque.

II

Me abro a ti
en un verso sencillo y espontáneo

y tú te cierras
en ese largo y prolongado silencio
que clausura con soldadura tu candado.

III

Me has dicho
que te gusto demasiado

pero tu tacto quieto y tu pensamiento distante
me expresan una realidad distinta
que no alcanzo a comprender.

IV

M i vida transcurre
como la del sembrador maldito
sembrando rosas
y cosechando espinas.

V

S oy el fabricante de recuerdos
recogiendo hilos y tejiendo historias
y al final de la jornada
sólo encuentro polvo, hollín
un desván ausente
y una almohada vacía.

VI

Es peculiar mi forma de amar
tanto, que al pasar por la vitrina
la miras, la pruebas, te gusta
pero no te la llevas.

VII

Ojalá fueras libre, como yo
para enfrentarte con valor a tu destino
en lugar de huir de ti mismo
en contra de tus propios instintos.

VIII

¡Qué horrible es
la libertad que no se desea!

Dichoso el preso
que ha cedido la suya a un carcelero
que cada día le da de comer en la boca.

IX

La memoria de los amores idos
es como una ola
que regresa cada vez más espaciada
y con menos fuerza.

Pero que aún moja
y humedece la ropa
y distiende el corazón
y punza el alma.

X

Doble soledad
la del que ha estado acompañado.

Más lento el paso
del que ha sido ágil.

Más oscuro el panorama
del que ha visto la luz.

XI

Si no vuelves a mí, amor
quiero que seas feliz. Lo mereces.

No hemos fallado ni tú ni yo.
Es el destino que ha jugado con nosotros
la baraja española que
nos ha dado espadas, en lugar de oros.

XII

Hoy he comprendido
que debo separarme de tu vida.

Duele más quedarme
que apretar los dientes
y seguir mi camino.

Agotado, casi seco
con las pilas bajas

debo empacar mis cosas
cerrar el corazón
evadir la mirada y huir de ti.

XIII

Aquí, yo.
Allá, tú.

En medio de los dos
nuestro futuro incierto
que quizás, quiera Dios
habremos de explorar juntos
asidos fuertemente de las manos.

XIV

Todos los días, sin faltar uno
he alimentado tu recuerdo.

Todos los días, sin faltar uno
me ha dolido tu ausencia.

OMAR RODRÍGUEZ

Todos los días, sin faltar uno
me he dicho que no regresarás nunca.

Pero todos los días, sin faltar uno
me ha alumbrado la chispa
de una remota esperanza

EPÍLOGO: CONVERSANDO CON MI YO PASADO

El Dilema de la Máquina del Tiempo

Leyendo los versos de mi yo pasado
tan llenos de soledad y búsqueda
y de dolor y anhelo
tuve el impulso de crear una máquina del tiempo
para visitarlo, platicar un rato y alentarlo un poco.

Fierros de plata
cables de seda
motor de propulsión a chorro
moderno ordenador en línea con control remoto
y baterías AAA compradas en la tienda de la esquina.

Viaje aventurado éste, que violaría las leyes
naturales
con peligrosas paradojas de tiempo
ya que al revelar las circunstancias del futuro
a mi yo pasado
alteraría la vida de mi yo presente.

Así que desistí del viaje.

No podía arriesgar mi yo presente
en tal aventura en mi máquina del tiempo.

No podía aventurar
el cariño cotidiano del compañero que encontré
en este mundo vibrante
que hice mi hogar adoptivo
y donde por tantos años hemos vivido juntos
y lo hemos compartimos todo
la misma casa
los mismos platos
la misma habitación
el mismo reloj despertador

y la misma almohada.

Donde compartimos nuestras cargas
y al final de cada día
recibo un beso en la frente
antes de cerrar los ojos.

Donde ya no hay tú ni yo
sino nosotros.
Nuestra vida
nuestro hogar
nuestros anhelos
y nuestros deseos.

Donde todos los días nos lavamos la espalda
y nos cepillamos los dientes
y cumplimos con nuestro trabajo diario.

Y donde al final de cada día
anhelamos estar con el otro
para sentirnos seguros y completos
viendo juntos la tele, leyendo un libro, jugando a las cartas

o bailando un lento ritmo acompasado
sintiendo el corazón del otro palpitar junto al
nuestro.

Donde envejecemos juntos.

Sí, sin duda, abandonaré mi máquina del
tiempo
y quemaré sus planos de inmediato
para dejar que mi yo pasado construya por sí
mismo su futuro
e impedir que mi yo futuro un día
ceda a la tentación de visitarme e interferir
conmigo.

Debo vivir mi presente día a día
y mi yo pasado también
sin conocer el mañana antes de tiempo.

EL AUTOR

Omar Rodríguez, actor también conocido como Omar Chagall, escribió su primer poema a los 8 años, después de haber leído la poesía de Sor Juana Inés de la Cruz y de José Martí. Su estilo se inspira en la poesía de León Felipe y de Federico García Lorca, los cuales leyó durante su adolescencia. Su pintora favorita es Remedios Varo, cuyo surrealismo mágico ha sido una fuente de inspiración para lo místico y lo metafísico.

Como actor trabajó en *Sopranos*, *La Ley y el Orden*, *Inolvidable* y otras series de televisión. En cine actuó en *Frida*, *Che Parte 1 y Romero*. En teatro ha participado en una gran variedad de obras, incluyendo off-Broadway. Es un orgulloso miembro de los sindicatos americanos de actores SAG/AFTRA y AEA.

En 2016 se retiró, después de una larga carrera de negocios en una firma internacional de consultoría, para dedicarse a tiempo completo a actuar y escribir. Omar es también coleccionista de sellos postales especializado en sellos tempranos de México. Como filatelista ha ganado premios nacionales e internacionales.

Tiene un MBA (University of Wisconsin-Madison), un MFA (New School-Actor's Studio en NYC) y una licenciatura en contabilidad y negocios (EBC México). Nacido en la Ciudad de México emigró a New York hace mucho tiempo, donde vive con su esposo Glen, el amor de su vida.

Omar recibirá con gusto cualquier reacción acerca de su poesía en OmarPoesia@aol.com

Made in the USA
Middletown, DE
15 June 2021

42313001R00066